관 음 경(觀音經)

—범문(梵文) 관음경 수록—

(독송용)

감수 회옹 혜경
역편저자 지응 혜화
표지그림 지능 인명

일본 나라 법륭사에 봉존된
백제관음(百濟觀音)

발간에 즈음하여

이 『관음경(觀音經)』은, 잘 알고 있는 바와 같이, 경전 중의 왕이라고 일컬어지는 『묘법연화경(妙法蓮華經)』의 「관세음보살보문품(觀世音菩薩普門品) 제25(第二十五)」를 세간에서는 구고구난(救苦救難) 관세음보살의 『관음경(觀音經)』이라고 하여, 읽고 외우고, 또 그 이름(名号)을 크게 부르고(念) 있는 매우 친근한 경전이다.

왜냐하면, 이 경전에는 중생의 네 가지의 괴로움(四苦)인, 생(生)·노(老)·병(病)·사(死)의 고뇌(苦惱)는 물론, 사랑하는 사람과 이별하는 괴로움(愛別離苦)·원망하고 미워하는 사람과 만나는 괴로움(怨憎會苦)·구하는 것이 얻어지지 않는 괴로움(求不得苦)·오온에서 생하는 괴로움(五蘊盛苦)을 합한 여덟 가지의 괴로움(八苦)뿐만 아니라, 화난(火難)·수난(水難)·풍난(風難)·도장난(刀杖難)·악귀난(惡鬼難)·가쇄난(枷鎖難)·원적난(怨賊難) 등의 일곱 가지 난(七難)에서 구해준다고 하기 때문이다.

그런데 문제는 원전으로 소개된 것이 한문(漢文)이라는 데에 있다. 잘 알아듣지도 못하면서도, 한문으로 독송하기 때문에 모든 것이 통과의식일 뿐, 일반인의 가슴에 파고들지 못하고 있는 것이 현실이다.

기독교만 하더라도 한국에 상륙한 것이 불과 200년 남짓한데도 그 세력이 날로 확산되어 가는 이유는 성경을 한글화했다는 데에 있다고 본다.

그런데도, 우리들은 지금까지 주로 한문경전(漢文經典)에만 의존하고 있는 경향이 있다. 그렇기 때문에 젊은 사람들의 호응을 얻지 못해, 타종교로 발길을 옮기는 사람이 많다.

물론 선(禪)만이 가장 좋은 수행방법이라고 생각하는 것이 잘못이라고는 할 수 없다. 다시 말해 성도문(聖道門)인 자력불교(自力佛敎)가 정통적(正統的)이기는 하지만, 정토문(淨土門)인 타력불교(他力佛敎)도 신앙이라는 차원에서 보면, 아주 좋은 것이다. 그래서 서산대사(西山大師)께서도 선가구감에서 불교라 하지 않고 불학(佛學)이라 한 것이 아닌가 싶다. 즉 학문(學問)이지 종교가 아니라는 것이다. 물론 학문도 중요하지만, 믿음이 더욱 중요하다고 본다. 불교를 배우고 난 후에 믿으려고 해서는 어느 세월에 그것을 다하겠는가. 그래서 대승불교(大乘佛敎)의 팔종(八宗)의 조사(祖師)로 추앙받는 용수보살(龍樹菩薩)은 불교는 믿음으로부터 들어가야 한다고 말한 것이다.

그러기 위해서는, 되도록 많은 사람이 쉽게 읽고 외울 수 있다면, 믿음은 확실해질 것이고, 무슨 말인지도 차츰 알게 되지 않을까?

이러한 생각에서 많은 번역본이 있기는 하지만, 은사(恩

師)이신 회옹당(晦翁堂) 혜경(惠耕) 큰스님의 지도 아래 독송용인 관음경을 번역하고 이해를 돕기 위해, 아직 발간도 채 되지 않은 『범문 관음경』도 큰스님의 허락아래 나름대로 편집을 하게 된 것이다.

많은 선재님께 부탁드리는 것은, 혹시 잘못된 부분이 있으면, 엄히 질타하여 바로잡도록 이끌어주시기를 바라며, 아울러 표지의 그림을 선뜻 내어준, 원주 황매선원 주지 지능 인명스님께 감사드리는 바이다.

불기 2557(2013) 년 4월 부처님 오신 날을 앞두고
양주 천보산 아래
한국불교 태고종 화담정사 주지 지응 혜화. 합장

민족한 자여 귀 있게 얼을 장생을 맛보아 있으리오 오대보살 명으로 내리고
소원을 그들의 우후신장 하였네 의상의 관음보구 해유 당도 소식이로 전
관한 한솔 갈도 굶긴 바람 다 일비로 울궁 제도 중생 세계 결에도 고로미
처보되 끓숨 통지에게 물고 답을 얻었더라
낙산에서 해누로 옮다 계시니 보문 운서산인 홍순민영

관세음보살보문품

그 때에, 무진의보살(無盡意菩薩)은, 곧바로 자리에서 일어나 오른쪽 어깨를 벗어 드러내어 합장하고 부처님을 향해 다음과 같이 말씀드렸다.

「세존이시여, 관세음보살(觀世音菩薩)은 무슨 사연으로 관세음이라는 이름이 붙여지게 되었습니까?」

부처님께서 무진의보살에게 말씀하셨다.

「좋은 집안의 아들(善男子)이여, 만일 백천만억의 무량배(無量倍)라고 하는 많은 중생들이 있어서, 많은 고뇌를 받고 있는 경우에도, 관세음보살의 공덕을 귀로 듣고, 일심으로 그 이름을 부른다면, 관세음보살은 곧바로 그 음성을 알고, 모든 사람을 〈고뇌에서〉 벗어나게 할 수 있을 것이다.

만일 이 관세음보살의 이름을 마음에 굳게 기억하고 있는 사람은, 설령 큰 불에 들어갔다고 해도, 그 보살의 위신력에 의해서, 불도 〈그 사람을〉 태우지 못할 것이다. 만일 큰 강에 표류하더라도, 그 명호를 부르면, 곧바로 얕은 곳에 닿을 것이다.

만일에, 백천만억이라는 수의 중생들이, 금 · 은 · 유리 · 자거(車磲) · 마노(瑪瑙) · 산호(珊瑚) · 호박(琥珀) · 진주 등의 보배를 구하기 위해서 큰 바다에 들어가, 가령 폭풍이 그들의 선단에 불어서, 나찰귀의 나라에 표착했다하더라도, 그들 중의 한 사람이라도 관세음보살의 이름을 부르는 사람이 있다면, 그들은 나찰의 난(難)에서 벗어날 수 있을 것이다, 이러한 사연에서 관세음이라 이름 붙여진 것이다.

또 만일 어떤 사람이 처형되려고 할 때에, 관세음보살의 이름을 부른다면, 〈처형인의〉 손에 잡은 칼과 몽둥이는 조각조각 부러져서, 〈그 난(難)에서〉 벗어날 수 있을 것이다.

만일 삼천대천세계 가운데에 충만할 정도의 야차(夜叉)와 나찰(羅刹)들이 모여와서, 사람을 괴롭히려고 생각해도, 사람이 관세음보살의 이름을 부르고 있는 것을 듣는다면, 이 많은 악귀들은 악의적인 눈으로 볼 수조차 없을 것이다. 하물며 위해를 가하는 것 따위는 하지도 못할 것이다.

또, 가령 그 사람에게 죄가 있건 없건, 수갑 · 족쇄와 쇠사슬에 의해서 신체가 묶였다 해도 관세음보살의 이름을 부르면 그 것들은 모두 부서져서, 빠져나갈 수 있을 것이다.

만일 삼천대천세계에 충만할 정도로 도적떼가 있

어, 그곳에 한 사람의 상대장(商隊長)이 많은 상인을 이끌고 값비싼 보배를 가지고 험난한 길을 통과한다고 하자. 그 중의 한 사람이 다음과 같이 말했다고 하자.

『여러 분, 무서워해서는 안 된다. 여러 분들은 일심으로 관세음보살의 명호를 불러야 한다. 이 보살은, 사람들에게 「두려움 없는 마음」을 주시는 분이다. 여러 분들이, 만일 그 이름을 부른다면, 이 도적들로부터 반드시 벗어날 수 있을 것이다.』

상인들이 그 말을 듣고, 소리를 합해서, 『나무 관세음보살』하고 말했다고 하자. 그 이름을 부른 것에 의해, 곧바로 그 난(難)을 벗어날 수 있을 것이다.

무진의보살이여, 위대한 사람인 관세음보살의 위신(威神)의 힘이 얼마나 뛰어났는가 하는 것은 이와 같은 것이다.

만일 음욕(淫欲)이 강한 사람이 있다고 해도, 관세음보살을 항상 염(念)하고 공경한다면, 그것에 의해서 음욕에서 벗어날 수 있을 것이다.

만일에 성내는 마음이 많더라도, 관세음보살을 항상 염하며 공경한다면, 그것에 의해서 성내는 마음에서 벗어날 수 있을 것이다.

만일에 어리석음이 많더라도 관세음보살을 항상 염하고 공경한다면, 그것에 의해서 어리석음을 벗어날 수 있다.

무진의여, 관세음보살에게는 이와 같은 위대한 위신의 힘이 있어서, 〈사람들을〉 이익토록 하는 것이 많은 것이다. 그런 까닭에 사람들은, 항상 마음으로 염해야 한다.

만일에 여인이 남자 아이가 갖고 싶다고 생각하

면, 관세음보살을 예배하고, 공양한다면, 복덕과 지혜를 고루 갖춘 아들을 낳을 것이다.

딸을 갖고 싶다고 생각하면, 자태가 가지런한 여자 아이로서, 전생에 덕을 쌓은 과보에 의해, 사람들에게 사랑받는 딸을 낳을 것이다.

무진의여, 관세음보살에게는 이와 같은 힘이 있는 것이다. 만일 중생이 관세음보살을 공경하고 예배한다면, 그 복덕은 헛되게 끝나는 일은 없을 것이다. 그런 까닭에 중생들은 모두 관세음보살의 명호를 수지(受持)해야 한다.

무진의여, 만일 어떤 사람이 갠지스 강의 모래 수의 62억 배의 많은 보살들의 이름을 수지하고, 그의 목숨이 다할 때까지 마시는 것과 먹을 것 · 의복 · 침구 · 의약을 공양했다고 하자. 그대는 어떻게 생각하는가. 이 선남자 · 선녀인의 공덕은 많겠는가, 적겠는가?」

무진의가 말씀드렸다.

「세존이시여, 극히 많습니다.」

부처님께서 말씀하셨다.

「그런데, 〈무진의여,〉 만일 관세음보살의 명호를 기억하고, 비록 한 때라도, 예배하고 공양하는 사람이 있다고 한다면, 〈앞서 말한 사람과 이 사람의〉 두 사람의 복덕은 정확히 똑같아서 차이가 없고, 백천만억의 겁(劫)이라는 오랜 시간에서도 극히 다할 수는 없는 것이다.

무진의여, 관세음보살의 명호를 수지한다면, 이상과 같은 한량없고 가없는 복덕의 이익을 얻을 것이다.」

무진의보살이 부처님께 말씀드렸다.

「세존이시여, 관세음보살은 어떠한 모습으로 중생

교화를 위해 이 사바세계에 이곳저곳 다니시는 것입니까? 또 어떤 내용으로 중생에게 법을 설하는 것입니까? 교화의 수단을 어떻게 표현합니까?」

부처님께서는 무진의보살에게 말씀하셨다.

「좋은 집안의 아들이여, 〈사바세계의〉 나라의 중생으로 부처님의 신체에 의해서 구제해야할 사람에게는, 관세음보살은 곧바로 부처님의 신체를 나타내어 그들의 사람에게 법을 설하는 것이다. 벽지불의 신체에 의해서 구제하여야할 사람에게는 곧바로 벽지불의 신체를 나타내어 법을 설하며, 성문의 신체에 의해서 구제할 사람에게는 곧바로 성문의 신체를 나타내어 법을 설하고,

범천왕의 신체에 의해서 구제해야할 사람에게는, 곧바로 범천왕의 신체를 나타내어 법을 설하며, 제석천의 신체에 의해서 구제해야 할 사람에게는

곧바로 제석천의 신체를 나타내어 법을 설하며, 자재천신의 신체에 의해서 구제해야할 사람에게는 곧바로 자재천신의 신체를 나타내어 법을 설하고, 대자재천신의 신체에 의해서 구제해야할 사람에게는 곧바로 대자재천신의 신체를 나타내어 법을 설하며, 하늘 세계의 대장군의 신체에 의해 구제해야할 사람에게는 곧바로 천계의 대장군의 신체를 나타내어 법을 설하고, 비사문천의 신체에 의해서 구제해야할 사람에게는 곧바로 비사문천의 신체를 나타내어 법을 설하며,

왕후(王侯)의 신체에 의해서 구제해야할 사람에게는, 곧바로 왕후(小王)의 몸을 나타내어 법을 설하고, 부호(富豪)의 신체에 의해서 구제해야할 사람에게는 곧바로 부호의 신체를 나타내어 법을 설하고, 자산가의 신체에 의해 구제할 사람에게는, 자

산가(居士)의 신체를 나타내어 법을 설하며, 재상 · 대신의 신체에 의해서 구제해야할 사람에게는 곧바로 재상 · 대신의 신체를 나타내어 법을 설하고, 바라문의 신체에 의해서 구제해야할 사람에게는, 바라문의 신체를 나타내어 법을 설하며,

비구 · 비구니 · 청신사 · 청신녀의 신체에 의해서 구제해야할 사람에게는, 곧바로 비구 · 비구니 · 청신사 · 청신녀의 신체를 나타내어 법을 설하고,

부호 · 자산가 · 재상 · 대신 · 바라문들의 부인의 신체에 의해서 구제해야할 사람에게는, 곧바로 부호 · 자산가 · 재상 · 대신 · 바라문들의 부인의 신체를 나타내서 법을 설하며,

소년 · 소녀의 신체에 의해서 구제해야할 사람에게는 곧바로 소년(童男) · 소녀(童女)의 신체를 나타내어 법을 설하고,

하늘의 신들 · 용 · 야차 · 건달바 · 아수라 · 가루라 · 긴나라 · 마후라가 · 인간 · 인간 이외 것들의 신체를 가지고 구제할 때에는, 즉시 이들의 〈신체〉를 나타내어 법을 설하며,

집금강신의 신체에 의해서, 구제하여야 할 사람에게는, 곧바로 집금강신의 몸을 나타내어 법을 설하는 것이다.

무진의여, 이 관세음보살은 이상과 같은 공덕을 완성하여, 여러 가지의 모습에 의해서, 많은 국토에 이곳저곳 편력하면서 중생을 구제하는 것이다.

이런 까닭에 그대들은 일심으로 관세음보살을 공양하지 않으면 안 된다.

이 관세음보살대사는 공포와 절박한 재난의 소용돌이 속에 〈있는 사람에〉 대해서, 두려움이 없는 것을 줄 수 있는 것이다. 그런 까닭에 이 사바세계

에서는, 모두 그를 일컬어서 『시무외자(두려움을 없애 주는 사람)』이라고 부르는 것이다.」

무진의보살이 부처님께 말씀드렸다.

「세존이시여, 지금 저는 관세음보살을 공양하겠습니다.」

그리고 목에 걸었던, 그 가치가 백 · 천량 금에 상당하는 많은 보배 구슬로 된 목걸이를 벗어서, 그것을 〈관세음보살에게〉 드리고, 다음과 같이 말했다.

「어진이여, 법에 대한 보시로서의 이 진귀한 보배 목걸이를 받아 주십시오.」

그러나 관세음보살은 그것을 받으려 하지 않았다.

그래서 무진의는, 거듭 관세음보살에게 말씀드렸다.

「어진이여, 저희들을 불쌍히 여기신다면, 이 목걸

이를 받아주십시오.」

그때 부처님께서는 관세음보살에게 말씀하셨다.

「이 무진의보살과 〈비구 · 비구니 · 우바새 · 우바이의〉 사중(四衆) · 하늘의 신들 · 용 · 야차 · 건달바 · 아수라 · 가루라 · 긴나라 · 마후라가 · 인간 · 인간 이외의 것들을 가련히 여겨서, 이 목걸이를 받도록 하시오.」

관세음보살은, 곧바로 많은 사중 · 하늘의 신들에서부터 인간 · 인간 이외의 것들 까지 불쌍히 여겨서 그 목걸이를 받아드려서, 그것을 둘로 나누어서, 하나는 석가모니에게, 또 하나는 다보불의 탑에 바쳤다.

〈그러자, 부처님께서 무진의보살에게 말씀하셨다.〉

「무진의여, 관세음보살은 이와 같은 자유자재한

신통력을 가지고, 사바세계를 유력(遊歷)하는 것이다.」

그때 무진의보살은 시송(詩頌)에 의해서 말씀드렸다.

『세존께서는 뛰어난 특징을 가지고 계십니다. 지금 저는 거듭 그에 대해 묻습니다.

『부처님의 아들〈인 관세음보살〉은 어떤 사연이 있어 관세음이라고 이름 붙여진 것입니까』 (1)

뛰어난 특징을 갖추신 거룩한 사람은, 시송에 의해서 무진의에게 대답하셨다.

『그대여, 관세음의 수행에 대해서 듣도록 하라. 그것은 온갖 가지 방향과 장소에 응하는 것이다. (2)

광대한 서원의 그 깊이는 바다처럼 깊고, 겁(劫)이

라는 긴 시간을 거쳐서도 생각은 헤아릴 수도 없는 것이다.
많은 천억의 부처님에게 시봉하고, 극히 청정한 원을 세운 것이다. 나는 그대에게 그것을 간추려 서설하겠다. (3)

〈관세음의〉 이름을 듣고, 그 신체를 보고, 마음에 염한다면, 불모(不毛)의 결과로 끝이는 일은 없다.
〈그는〉갖가지 생존에서의 고(苦)를 소멸시킬 수 있는 것이다. (4)

설령 사람이 위해(危害)를 가(加)하겠다고, 큰 불구멍에 밀어 떨어뜨린다고 해도,
그 관음의 힘을 마음에 염한다면, 불구멍은 변화하여 연못으로 될 것이다. (5)

혹은 큰 바다에 표류하여 용과 물고기, 갖가지 악귀에 〈습격을 받아〉 어려움을 만날지라도,
그 관음의 힘을 마음에 염한다면, 파랑(波浪)도
〈그 사람을〉 빠뜨리지 못할 것이다. (6)

혹은 수미산 꼭대기에서 사람에게 떠밀려서 떨어뜨려졌어도, 그 관세음의 힘을 마음으로 염한다면,
태양처럼 공중에 떠 있을 것이다. (7)

혹은 악인에게 쫓겨서 금강산에서 추락했다 하더라도 그 관음의 힘을 마음으로 염한다면,
털끝 하나도 다치지는 일은 없을 것이다. (8)

혹은 도적이 에워싼 채로 저마다 칼을 손에 쥐고 위해를 가하려고 하는 것을 만났다고 하여도,

그 관음의 힘을 마음으로 염한다면, 순식간에 〈그들은〉 모두 자애로운 마음을 일으킬 것이다. (9)

혹은 왕의 문책에 의한 고(苦)를 만나고, 처형되어서 목숨이 끝나려고 할 때에도,
그 관음의 힘을 마음으로 염한다면, 칼은 별안간에 조각조각 동강날 것이다. (10)

혹은 목에는 항쇄(칼) · 쇠사슬에 묶이고, 수갑 족쇄를 채웠더라도,
그 관음의 힘을 마음으로 염한다면, 그것들은 스르르 벗겨져서 풀려날 것이다. (11)

주술(呪術)과 갖가지의 독약에 의해서 그 몸이 해를 입으려고 하는 사람이라도.

그 관음의 힘을 마음으로 염한다면 그들은 도리어 당사자인 본인에게 돌아갈 것이다. (12)

혹은 사나운 나찰과 독용과 많은 귀신들을 만나더라도, 그 관음의 힘을 마음에 염한다면,
그때 그들은 전혀 위해(危害)를 가하는 일은 없을 것이다. (13)

혹은 사나운 맹수들에게 둘러싸여서 그 날카로운 이빨과 발톱이 무시무시할 지라도,
그 관음의 힘을 마음에 염한다면 그들은 당장 어딘가에 달아나버릴 것이다. (14)

도마뱀과 뱀 · 살무사 · 전갈들의 독기가 화연(火煙)처럼 피어올라 갈지라도,

그 관음의 힘을 마음에 염한다면, 소리를 지르면서 돌아가 버릴 것이다. (15)

구름에서 천둥소리가 울려 퍼지고, 번개가 번쩍이며 우박과 큰 비 쏟아져도,
그 관음의 힘을 마음에 염한다면, 그것들은 곧 사라져 버릴 것이다. (16)

중생이 곤고(困苦)에 번민하고 헤아릴 수 없을 만큼의 고(苦)가 몸을 핍박할지라도,
관음의 뛰어난 지혜에 의해서 세상 사람들의 고(苦)를 구할 수 있는 것이다. (17)

신통한 힘을 갖추고 지혜를 발휘하는 수단을 널리 닦아서, 시방의 많은 나라들에,

나라마다 그 몸을 나타내지 않는 곳은 없다. (18)

갖가지의 많은 사나운 경계인 지옥 · 아귀 · 축생과 생 · 노 · 병 · 사 의 고(苦)를 차례차례로 남김없이 소멸해 갈 것이다. (19)

진실한 관찰과 넓고 큰 지혜에 의한 관찰, 연민의 눈과 자애로운 눈 〈을 가진 사람〉을 항상 원하고 항상 우러러 보라. (20)

더러움이 없는 청정한 빛을 가진, 지혜의 태양은 많은 어둠을 깨뜨리고,
재난의 풍화(風火)를 소멸하고, 남김없이 세간을 밝게 비출 수 있다. (21)

연민의 본질로서의 계(戒)는 천둥소리처럼 울려 퍼지고, 자비의 마음의 뛰어넘은 큰 구름과 같이, 죽지 않는 묘약(妙藥)인 가르침의 비를 내리며 번뇌의 불길을 없애 준다. (22)

소송하여 관청에 도모하거나. 적진에서 무서움을 느꼈을 때에, 관음 의 힘을 염하게 되면,
많은 원적(怨敵)은 모두 물러갈 것이다. (23)

묘(妙)한 음성을 가진 관세음은, 청정한 음성, 바다의 조수의 소리,
그 세간에서 뛰어난 음성을 갖았다.
그런 까닭에 항상 마음에 염하라. (24)

염하라, 염하라, 의심을 일으켜서는 안 된다. 청정하고, 성스러운 관세음은,
고뇌와 죽음의 재난에서 의지처가 된다. (25)

온갖 공덕을 갖추고 자비의 눈을 가지고 중생을 본다. 복덕이 모아 쌓인 바다는 헤아릴 수 없다.
그런 까닭에 받들고 예배해야 한다.』 (26)

그 때에, 지지보살(持地菩薩)은 자리에서 일어나, 부처님 앞에 나아가서 다음과 같이 말씀드렸다.
「세존이시여, 중생가운데서, 이 관세음보살품의 자재한 공능(功能), 즉 온갖 방면에 그 모습을 나타내 보인다고 하는 신통력을 듣는 사람이 있다면, 그 사람의 공덕은 결코 적지는 않다고 알아야 합니다.」

부처님께서 이 보문품을 설하실 때, 듣고 있던 대중 가운데 8만 4천의 중생들은, 견줄 수 없는 위없는 바른 깨달음으로 향하는 마음을 일으켰다.

민족의 한가 어찌 쉬울게 이룰 장엄은 맞보석 잊으리오 오대보살 평등으로 내리고
순림은 구름이나 유홍산정 취었때의 반의 관음보구 해와 달도 솟아오던
관한송 강도 곱던바 없하 일번 본로궁 제도궁 화엄세계 경로에 두고로미
처멸되 끝승 종서에게 물고 답을 얻더라
낙산에서 하늘로 오르다 계사년 봄 운허산인 홍인영

觀世音菩薩普門品 第二十五
관세음보살보문품 제이십오

爾時無盡意菩薩。即從座起。偏袒右肩。
이시무진의보살。즉종좌기。편단우견。

合掌向佛。而作是言。世尊。觀世音菩薩。
합장향불。이작시언。세존。관세음보살。

以何因緣。名觀世音。佛告無盡意菩薩。
이하인연。명관세음。불고무진의보살。

善男子。若有無量。
선남자。약유무량。

百千萬億衆生。受諸苦惱。聞是觀世音菩薩。
백천만억중생。수제고뇌。문시관세음보살。

一心稱名。觀世音菩薩。即
일심칭명。관세음보살。즉

時觀其音聲。皆得解脫。若有持是。
시관기음성。개득해탈。약유지시。

觀世音菩薩名者。設入大火。火不能燒。
관세음보살명자。설입대화。화불능소。

由是菩薩。威神力故。若為大水所漂。
유시보살。위신력고。약위대수소표。

稱其名號。即得淺處。若有百
칭기명호。즉득천처。약유백

千萬億衆生。為求金銀琉璃。車磲馬瑙。
천만억중생。위구금은유리。차거마노。

珊瑚虎珀。真珠等寶。入於大海。
산호호박。진주등보。입어대해。

假使黑風。吹其船舫。飄墮羅刹鬼國。
가사흑풍。취기선방。표타나찰귀국。

其中若有。乃至一人。稱觀世音
기중약유。내지일인。칭관세음

菩薩名者。是諸人等。皆得解脫。羅刹之難。
보살명자。시제인등。개득해탈。나찰지난。

以是因緣。名觀世音。若復有人。
이시인연。명관세음。약부유인。

臨當被害。稱觀世音菩薩名者。
임당피해。칭관세음보살명자。

彼所執刀杖。尋段段壞。而得解脫。
피소집도장。심단단괴° 이득해탈。

若三千大千國土。滿中夜叉。羅刹。
약삼천대천국토。만중야차。나찰。

欲來惱人。聞其稱觀世音菩薩。名者。
욕래뇌인。문기칭관세음보살。명자。

是諸惡鬼。尚不能以。惡眼視之。況復加害。
시제악귀。상불능이。악안시지。황부가해。

設復有人。若有罪。若無罪。
설부유인。약유죄。약무죄。

杻械枷鎖。檢繫其身。稱觀世音菩薩名者。
유계가쇄。검계기신。칭관세음보살명자。

皆悉斷壞。即得解脫。
개실단괴。즉득해탈。

若三千大千國土。滿中怨賊。有一商主。
약삼천대천국토。만중원적。유일상주。

將諸商人。齎持重寶。經過嶮路。
장제상인。재지중보。경과험로。

其中一人。作是唱言。諸善男子。
기중일인。작시창언。제선남자。

勿得恐怖。汝等應當一心。稱觀世音
물득공포。여등응당일심。칭관세음

菩薩名號。是菩薩。能以無畏。
보살명호。시보살。능이무외。

施於衆生。汝等若稱名者。於此怨賊。
시어중생。여등약칭명자。어차원적。

當得解脫。衆商人聞。俱發聲言。
당득해탈。중상인문。구발성언。

南無觀世音菩薩。稱其名故。卽得解脫。
나무관세음보살。칭기명고。즉득해탈。

無盡意。觀世音菩薩摩訶薩。威神之力。
무진의。관세음보살마하살。위신지력。

巍巍如是。若有眾生。多於婬欲。
외외여시。약유중생。다어음욕。

常念恭敬。觀世音菩薩。便得離欲。
상념공경。관세음보살。변득이욕。

若多瞋恚。常念恭敬。觀世音菩薩。
약다진에。상념공경。관세음보살。

便得離瞋。若多愚癡。常念恭敬。
변득이진。약다우치。상념공경。

觀世音菩薩。便得離癡。無盡意。
관세음보살。변득이치。무진의。

觀世音菩薩。有如是等。大威神力。
관세음보살。유여시등。대위신력。

多所饒益。是故眾生。常應心念。
다소요익。시고중생。상응심념。

若有女人。設欲求男。禮拜供養。
약유여인。설욕구남。예배공양。

觀世音菩薩。便生福德。智慧之男。
관세음보살。변생복덕。지혜지남。

設欲求女。便生端正。有相之女。宿植德本。
설욕구녀。변생단정。유상지녀。숙식덕본。

衆人愛敬。無盡意。觀世音菩薩。
중인애경。무진의。관세음보살。

有如是力。若有衆生。恭敬禮拜。
유여시력。약유중생。공경예배。

觀世音菩薩。福不唐捐。是故衆生。
관세음보살。복불당연。시고중생。

皆應受持。觀世音菩薩名號。無盡意。
개응수지。관세음보살명호。무진의。

若有人受持。六十二億。
약유인수지。육십이억。

恒河沙菩薩名字。復盡形供養。飮食衣服。
항하사보살명자。부진형공양。음식의복。

臥具醫藥。於汝意云何。是善男子。
와구의약。어여의운하。시선남자。

善女人。功德多不。無盡意言。甚多世尊。
선녀인。공덕다불。무진의언。심다세존。

佛言若復有人。受持觀世音菩薩名號。
불언약부유인。수지관세음보살명호。

乃至一時。禮拜供養。是二人福。正等無異。
내지일시。예배공양。시이인복。정등무이。

於百千萬億劫。不可窮盡。
어백천만억겁。불가궁진。

無盡意。受持觀世音菩薩名號。
무진의。수지관세음보살명호。

得如是無量無邊。福德之利。
득여시무량무변。복덕지리。

無盡意菩薩。白佛言。世尊。觀世音菩薩。
무진의보살。백불언。세존。관세음보살。

云何遊此。娑婆世界。云何而為。
운하유차。사바세계。운하이위。

衆生說法。方便之力。其事云何。
중생설법。방편지력。기사운하。

佛告無盡意菩薩。善男子。若有國土衆生。
불고무진의보살。선남자。약유국토중생。

應以佛身。得度者。觀世音菩薩。即現佛身。
응이불신。득도자。관세음보살。즉현불신。

而為說法。應以辟支佛身。得度者。
이위설법。응이벽지불신。득도자。

即現辟支佛身。而為說法。應以聲聞身。得度者。
즉현벽지불신。이위설법。응이성문신。득도자。

即現聲聞身。而為說法。應以梵王身。
즉현성문신。이위설법。응이범왕신。

得度者。即現梵王身。而為說法。
득도자。즉현범왕신。이위설법。

應以帝釋身。得度者。即現帝釋身。
응이제석신。득도자。즉현제석신。

而為說法。應以自在天身。得度者。
이위설법。응이자재천신。득도자。

即現自在天身。而為說法。應以大自在天身。
즉현자재천신。이위설법。응이대자재천신。

得度者。即現大自在天身。
득도자。즉현대자재천신。

而為說法。應以天大將軍身。得度者。
이위설법。응이천대장군신。득도자。

即現天大將軍身。而為說法。
즉현천대장군신。이위설법。

應以毘沙門身。得度者。即現毘沙門身。
응이비사문신。득도자。즉현비사문신。

而為說法。應以小王身。得度者。
이위설법。응이소왕신。득도자。

即現小王身。而為說法。應以長者身。
즉현소왕신。이위설법。응이장자신。

得度者。即現長者身。而為說法。
득도자。즉현장자신。이위설법。

應以居士身。得度者。即現居士身。
응이거사신。득도자。즉현거사신。

而為說法。應以宰官身。得度者。
이위설법。응이재관신。득도자。

即現宰官身。而為說法。應以婆羅門身。
즉현재관신。이위설법。응이바라문신。

得度者。即現婆羅門身。而為說法。
득도자。즉현바라문신。이위설법。

應以比丘。比丘尼。優婆塞。優婆夷身。
응이비구。비구니。우바새。우바이신。

得度者。即現比丘。比丘尼。
득도자。즉현비구。비구니。

優婆塞。優婆夷身。而為說法。
우바새。우바이신。이위설법。

應以長者居士。宰官婆羅門婦女身。
응이장자거사。재관바라문부녀신。

得度者。即現婦女身。而為說法。
득도자。즉현부녀신。이위설법。

應以童男童女身。得度者。即現童男童女身。
응이동남동녀신。득도자。즉현동남동녀신。

而為說法。應以天龍夜叉。乾闥婆。
이위설법。응이천용야차。건달바。

阿修羅迦樓羅。緊那羅摩睺羅伽。
아수라가루라。긴나라마후라가。

人非人等身。得度者。即皆現之。
인비인등신。득도자。즉개현지。

而為說法。應以執金剛身。得度者。
이위설법。응이집금강신。득도자。

即現執金剛身。而為說法。無盡意。
즉현집금강신。이위설법。무진의。

是觀世音菩薩。成就如是功德。
시관세음보살。성취여시공덕。

以種種形。遊諸國土。度脫衆生。
이종종형。유제국토。도탈중생。

是故汝等。應當一心。供養觀世音菩薩。
시고여등。응당일심。공양관세음보살。

是觀世音菩薩摩訶薩。於怖畏急難之中。
시관세음보살마가살。어포외급난지중。

能施無畏。是故此娑婆世界。皆號之為。
능시무외。시고차사바세계。개호지위。

施無畏者。無盡意菩薩。白佛言。世尊。
시무외자。무진의보살。백불언。세존。

我今當供養。觀世音菩薩。
아금당공양。관세음보살。

即解頸衆。寶珠瓔珞。價直百千兩金。
즉해경중。보주영락。가치백천양금。

而以與之。作是言。仁者。受此法施。
이이여지。작시언。인자。수차법시。

珍寶瓔珞。時觀世音菩薩。不肯受之。
진보영락。시관세음보살。불긍수지。

無盡意。復白觀世音菩薩言。
무진의。부백관세음보살언。

仁者愍我等故。受此瓔珞。爾時佛告。
인자민아등고。수차영락。이시불고。

觀世音菩薩。當愍此。無盡意菩薩。
관세음보살。당민차。무진의보살。

及四衆。天龍。夜叉。乾闥婆。阿修羅。
급사중。천용。야차。건달바。아수라。

迦樓羅。緊那羅。摩睺羅伽。
가루라。긴나라。마후라가。

人非人等故。受是瓔珞。即時觀世音菩薩。
인비인등고。수시영락。즉시관세음보살。

愍諸四衆。及於天龍。人非人等。
민제사중。급어천용。인비인등。

受其瓔珞。分作二分。一分奉釋迦牟尼佛。
수기영락。분작이분。일분봉석가모니불。

一分奉多寶佛塔。無盡意。
일분봉다보불탑。무진의。

觀世音菩薩。有如是自在神力。遊於娑婆世界。
관세음보살。유여시자재신력。유어사바세계。

爾時無盡意菩薩。以偈問曰。
이시무진의보살。이게문왈。

假使興害意　推落大火坑
가사흥해의　추락대화갱

念彼觀音力　火坑變成池
염피관음력　화갱변성지

或漂流巨海　龍魚諸鬼難
혹표류거해　용어제귀난

念彼觀音力　波浪不能沒
염피관음력　파랑불능몰

或在須彌峯　為人所推墮
혹재수미봉　위인소추타

念彼觀音力　如日虛空住
염피관음력　여일허공주

或被惡人逐　墮落金剛山
혹피악인축　타락금강산

念彼觀音力　不能損一毛
염피관음력　불능손일모

或值怨賊繞　各執刀加害
혹치원적요　각집도가해

念彼觀音力　咸即起慈心
염피관음력　함즉기자심

或遭王難苦　臨刑欲壽終
혹조왕난고　임형욕수종

念彼觀音力　刀尋段段壞
염피관음력　도심단단괴

或囚禁枷鎖　手足被杻械
혹수금가쇄　수족피추계

念彼觀音力　釋然得解脫
염피관음력　석연득해탈

呪詛諸毒藥　所欲害身者
주저제독약　소욕해신자

念彼觀音力　還著於本人
염피관음력　환저어본인

或遇惡羅刹　毒龍諸鬼等
혹우악나찰　독룡제귀등

念彼觀音力　時悉不敢害
염피관음력　시실불감해

若惡獸圍遶　利牙爪可怖
약악수위요　이아조가포

念彼觀音力　疾走無邊方
염피관음력　질주무변방

蚖蛇及蝮蠍　氣毒煙火燃
원사급복갈　기독연화연

念彼觀音力　尋聲自迴去
염피관음력　심성자회거

雲雷鼓掣電　降雹澍大雨
운뢰고철전　강박주대우

念彼觀音力　應時得消散
염피관음력　응시득소산

衆生被困厄　無量苦逼身
중생피곤액　무량고핍신

觀音妙智力　能救世間苦
관음묘지력　능구세간고

具足神通力　廣修智方便
구족신통력　광수지방편

十方諸國土　無刹不現身
시방제국토　무찰불현신

種種諸惡趣　地獄鬼畜生
종종제악취　지옥귀축생

生老病死苦　以漸悉令滅
생로병사고　이점실영멸

眞觀淸淨觀　廣大智慧觀
진관청정관　광대지혜관

悲觀及慈觀　常願常瞻仰
비관급자관　상원상첨앙

無垢清淨光　　慧日破諸闇
무구청정광　　혜일파제암

能伏災風火　　普明照世間
능복재풍화　　보명조세간

悲體戒雷震　　慈意妙大雲
비체계뢰진　　자의묘대운

澍甘露法雨　　滅除煩惱焰
주감로법우　　멸제번뇌염

諍訟經官處　　怖畏軍陣中
쟁송경관처　　포외군진중

念彼觀音力　　衆怨悉退散
염피관음력　　중원실퇴산

妙音觀世音　　梵音海潮音
묘음관세음　　범음해조음

勝彼世間音　　是故須常念
승피세간음　　시고수상념

念念勿生疑　觀世音淨聖
염염물생의　관세음정성

於苦惱死厄　能為作依怙
어고뇌사액　능위작의호

具一切功德　慈眼視眾生
구일체공덕　자안시중생

福聚海無量　是故應頂禮
복취해무량　시고응정례

爾時持地菩薩。即從座起。前白佛言。
이시지지보살。즉종좌기。전백불언。

世尊。若有眾生。聞是觀世音菩薩品。
세존° 약유중생。문시관세음보살품。

自在之業。普門示現。神通力者。
자재지업。보문시현。신통력자。

當知是人。功德不少。佛說是普門品時。
당지시인。공덕불소。불설시보문품시。

衆中。八萬四千衆生。皆發無等等。
중중。팔만사천중생。개발무등등。

阿耨多羅三藐三菩提心。
아뇩다라삼막삼보리심。

민족한 자어머 있게 이을 장엄을 맞보았어 있으리오 대보살 땅을 내리고
솔밭은 그좋이 시우한 산장 위없애의 받의 관음보살 해유 달로 솟시도 전
관한숨 갈도 깊은 바 없하 일버보로 끊제도 구호 영세계 껠로에도 고로미
처명되 끝숙 중처, 에게 물고 답을 쉬더라
낙산에서 하루 조옥다. 게시. 변봄 운처산인 홍신영

〈범문(梵文) 법화경〉

제24장. 온갖 방향으로 얼굴을 향한 "자재(自在)하게 꿰뚫어보는(觀) 사람"의 신변에 대한 교설(敎說)

그때, "불멸의 마음을 가진 사람"(無盡意)이라고 하는 위대한 사람인 보살은, 자리에서 일어나서, 상의를 〈왼쪽을 남기고 오른 쪽의〉 한 쪽 어깨만을 들어내고, 오른쪽 무릎을 땅에 대고, 세존이 계시는 곳, 그 곳을 〈향해서〉 합장하며 공경 예배하고, 세존에게 이와 같이 말씀드렸다.

「세존이시여, 어떠한 이유로 "자재(自在)하게 꿰뚫어 보(觀)는 사람"(觀世音)이라고 하는 위대한 사람인 보살(菩薩)은 "자재하게 꿰뚫어 보(觀)는 사람"(觀世音)이라고 부르는 것입니까?」

〈"불멸의 마음을 가진 사람"으로부터〉 이와 같은 말을 듣게 된, 세존께서는, "불멸의 마음을 가진 사람"(無盡意)이라고 하는 위대한 사람인 보살에게 다음과 같이 말씀하셨다.

「좋은 집안의 아들이(善男子)여, 이 세상에서 여러 가지의 고(苦)를 받고 있는 몇 백·천·코티·나유타의 그만큼 많은 중생들, 그 〈중생〉들이, 만일에, "자재하게 꿰뚫어 보(觀)는 사람"(觀世音)이라는 위대한 사람인, 보살의 이름을 듣는다면, 그 〈중생〉들은 모두 그 고(苦)의 덩어리에서 해방될 것이다.

또 좋은 집안의 남자여, "자재하게 꿰뚫어 보는

사람"(觀世音)이라는 위대한 사람인 보살의 이름을 수지(受持)하는 중생들, 그 〈중생〉들이, 만일에 큰 불덩어리 속에 떨어졌을 지라도, 그 〈중생〉들은 모두가, "자재하게 꿰뚫어 보는 사람"이라는 위대한 사람인 보살의 위덕(威德)에 의해서, 그 큰 불덩어리에서 해방될 것이다.

더욱이 좋은 집안의 아들이여, 만일에 중생들이 〈많은〉 강물에 의해서 떠내려가고 있을 때에 "자재하게 꿰뚫어 보는 사람"(觀世音)이라는 위대한 보살의 〈이름을〉 큰 소리로 불러서 구조를 구한다면, 그 모든 강은 그 중생들을 위해서 얕은 곳을 만들어줄 것이다.

또, 좋은 집안의 아들이여, 만일에 몇 백 · 천 · 코티 · 나유타의 중생들이, 큰 바다의 한 가운데서 금화, 황금, 보석, 진주, 금강석, 유리(瑠璃),

나패(螺貝), 벽옥(碧玉), 산호(珊瑚), 마노(瑪瑙), 자거(車磲), 적진주(赤眞珠) 등을 수장(收藏)을 한 배에 타고 있을 때, 그 〈중생〉들의 그 배가 폭풍에 의해서 라크샤시(羅刹女)의 섬에 떠밀렸다고 하여, 그 〈섬〉에서, "자재하게 꿰뚫어보는 사람"(觀世音)이라는 위대한 사람인 보살의 〈이름을〉큰 소리로 불러서 구조를 구하는 중생이, 누군가 한사람만이라도 있다면, 그 〈중생〉들은 모두 그 라크샤시(羅刹女)의 섬에서 해방될 것이다.

실로 또, 좋은 집안의 아들이여, 이러한 이유에서 "자재하게 꿰뚫어보는 사람"(觀世音)이라는 위대한 사람인 보살은 "자재하게 꿰뚫어보는 사람"(觀世音)이라고 승인(承認)되는 것이다.

좋은 집안의 아들이여, 그 누군가가 〈사형의 판

결을 받고〉 처형될 상태에 놓여 있으면서, “자재하게 꿰뚫어보는 사람”(觀世音)이라는 위대한 사람인 보살의 〈이름을〉 크게 불러서 구조를 구한다면, 그 사형집행인들의 그 검(劍)은 〈조각조각으로〉 부셔져버릴 것이다.

그 위에 또, 좋은 집안의 아들이여, 만일에 이 삼천대천세계가, 야크샤(夜叉)와 라크샤샤(羅刹鬼)들에 의해서 가득해 있더라도 “자재하게 꿰뚫어보는 사람”(觀世音)이라는 위대한 사람〈인 보살〉의 이름을 받아드림에 의해서, 그러한 사악한 마음을 가진 것 들은,〈그 사람을〉 보는 것조차도 할 수 없을 것이다.

게다가 또, 좋은 집안의 아들이여, 죄가 있는 사람이건, 죄가 없는 사람이건, 실로 어느 누군가가, 목제나, 철제의 수갑, 철의 쇠사슬, 차꼬

(足枷)로 묶여져 있더라도, 그 "자재하게 꿰뚫어 보는 사람"(觀世音)이라는 위대한 사람인 보살의 이름을 받아드림에 의해서, 빠르게 형틀이나, 철의 쇠사슬, 차꼬는 〈그 사람을 위해서〉 쪼개질 자리를 만들어 내어 줄 것이다.

좋은 집안의 아들이여, "자재하게 꿰뚫어보는 사람"이라는 위대한 사람인 보살의 위신력은 이와 같은 것이다.

좋은 집안의 아들이여, 만일에 이 삼천대천세계가 검을 손에 가진 악한이나, 원적(怨敵), 도적들이 가득해 있다고 하여, 그 〈삼천대천세계〉의 가운데를 한 사람의 대상(隊商)의 대장(隊長)이, 값을 매길 수 없을 만큼의 귀중한 보석을 많이 휴대한 대규모의 대상(隊商)을 이끌고 여행을 했다고 하자. 그 사람들은, 여행하면서, 검을 손에 가진 그 도적과, 악한, 원적(怨敵)들에게 만날 것이다. 또 만나고 그 위에, 무서워하고, 부들부들 떨며, 자기들이 무방비한 것을 인식할 것이다.

그리고 그 대상(隊商)의 대장(隊長)은, 그 대상의 〈일단(一團)〉에게 다음과 같이 말할 것이다.

『무서워해서는 안 된다. 좋은 집안의 아들들이여, 무서워해서는 안 된다. 〈그대들은〉 모두 무서움을 없애주시는 "자재(自在)하게 꿰뚫어보는(觀) 사람"(觀世音)이라는 위대한 사람인 보살에게, 소리를 하나로 하여 함께 크게 구조를 호소해야 한다. 그것에 의해서, 그대들은, 이 도적의 공포나, 원적(怨敵)의 공포에서 실로 빨리 해방될 것이다.』

그러자 그 대상(隊商)의 일단인 실로 모두가 각

각 "자재하게 꿰뚫어보는 사람"(觀世音)에게 『그 두려움 없애주시는 "자재하게 꿰뚫어보는 사람"(觀世音)이라는 위대한 사람인 보살(菩薩)에게 공경 예배합니다. 공경 예배합니다.』라고 소리를 하나로 하여 호소한다고 하자. 실로 이름을 받아드림과 동시에, 그 대상(隊商)의 일단은 온갖 공포에서 해방될 것이다.

좋은 집안의 아들이여, "자재(自在)하게 꿰뚫어보는 사람"(觀世音)이라는 위대한 사람인 보살의 위신력(威神力)은 이와 같은 것이다.

좋은 집안의 아들이여, 탐애(貪愛, 貪欲)에 의해서 행동하는 중생들, 그 〈중생〉들은 "자재하게 꿰뚫어보는 사람"(觀世音)이라는 위대한 사람인 보살에게 공경 예배를 하고, 탐애(貪愛)가 없는 사람이 되는 것이다.

증오(憎惡, 瞋恚)에 의해서 행동하는 중생들, 그 〈중생〉들은 "자재(自在)하게 꿰뚫어보는 사람"(觀世音)이라는 위대한 사람인 보살(菩薩)에게 공경 예배를 하면, 증오가 없는 가람으로 되는 것이다.

어리석음(愚癡)에 의해서 행동하는 중생들, 그 〈중생〉들은 "자재하게 꿰뚫어보는 사람"(觀世音)이라는 위대한 사람인 보살에게 공경 예배를 하면, 어리석음이 없는 사람이 되는 것이다.

좋은 집안의 아들이여, "자재하게 꿰뚫어보는 사람"(觀世音)이라는 위대한 사람인 보살은 이와 같이 큰 신통력(神通力)을 가지고 있는 것이다.

더구나 좋은 집안의 아들이여, 남자아이〈의 탄생)〉을 원하는 여성이 "자재하게 꿰뚫어보는 사람"(觀世音)이라는 위대한 사람인 보살에게 공경 예배를 한다면, 그 〈여성〉에게는 남자아이가 태어날 것이다. 〈그 남자아이는〉 단정(端正)하고, 빛나며, 보기에도 아름답고, 남자아이다운 특징(特徵)을 갖추고 있어서, 많은 사람들에게 사랑받고, 마음을 매료(魅了)케 하며, 선근(善根)을 심은 사람일 것이다.

여자아이의 〈탄생〉을 바라는 〈여성〉, 그 〈여성〉에게는 여자아이가 태어날 것이다. 〈그 여자아이는〉 단정하고, 빛나며, 보기에도 아름답고, 청련화(青蓮華)처럼 최고(最高)로 아름다운 색(色)을 갖추어 있어서, 많은 사람들에게 사랑받고, 마음을 매료(魅了)케 하며, 선근(善根)을 심은 사람일 것이다.

좋은 집안의 아들(善男子)이여, "자재하게 꿰뚫

어보는 사람"(觀世音)이라는 위대한 사람인 보살의 위신력(威神力)은 이와 같은 것이다.

또 좋은 집안의 아들이여, "자재하게 꿰뚫어 보는 사람"(觀世音)이라는 위대한 사람인 보살(菩薩)에게 공경 예배(敬禮)를 하고, 〈"자재하게 꿰뚫어보는 사람"(觀世音)이라는 위대한 사람인 보살(菩薩)의〉 이름을 수지(受持)하는 사람들, 그 사람들에게는 유익(有益)한 결과(結果)가 있을 것이다.

또 좋은 집안의 아들이여, "자재하게 꿰뚫어 보는 사람"(觀世音)이라는 위대한 사람인 보살(菩薩)에게 공경 예배를 하고, 〈"자재하게 꿰뚫어보는 사람"(觀世音)이라는 위대한 사람인 보살의〉 이름을 수지(受持)하는 사람, 또 62(六十二) 갠지스 강의 모래만큼〈의 수(數)〉에 대등한 세존들에게 공경 예배를 하고, 〈62(六十二) 갠지스 강의 모래만큼의 수에 대등한 붓다들의〉 이름을 수지하는 사람, 또 〈이 세상에〉 체재(滯在)하고, 존재하며, 시간을 보내고 계시는 그 만큼 많은 세존이신 붓다들에게, 옷과 보시(布施)를 위한 먹을 것, 침구와 좌구(坐具), 병을 고치는 약, 생활필수품에 의해서 공양을 행하는 사람, 좋은 집안의 아들이여, 〈그대는〉 그것을 어떻게 생각하는가. 그 좋은 집안의 아들, 혹은 좋은 집안의 딸은, 이 인연에 의해서 얼마만큼의 복덕(福德)의 생성을 이룩할 것일까」

〈세존께서〉 이와 같이 말씀하시자, "불멸의 마음을 가진 사람"(無盡意)이라는 위대한 사람인 보살은, 세존에게 이와 같이 말씀드렸다.

「세존이시여, 많습니다. 인격을 완성하신 분(善

逝)이시여, 많고말고요. 그 좋은 집안의 아들, 혹은 좋은 집안의 딸은, 이 인연에 의해서 많은 복덕의 생성을 이룩할 것입니다.」

세존께서 말씀하셨다..

「게다가 좋은 집안의 아들이여, 그만큼 많은 세존이신 붓다에 대해서 공경을 사람, 및 "자재하게 꿰뚫어보는 사람"(觀世音)이라고 하는 위대한 사람인 보살에 대해서 한 번만이라도 공경 예배를 하고, 〈"자재하게 꿰뚫어보는 사람"이라는 위대한 사람인 보살의〉 이름을 수지(受持)하는 사람, 〈그〉 양자(兩者)의 경우에, 〈각각〉 복덕(福德)의 생성은 똑같은 것이고, 〈어떤 것이〉 뛰어난 것도 아니고, 초과하고 있는 것도 없는 것이다.

그리고 그 62갠지스 강의 모래〈의 수〉에 대등

한 〈많은〉 세존이신 붓다들에 대해서 공경을 하고, 〈그 붓다들의〉 이름을 수지(受持)하는 사람, 또 "자재하게 꿰뚫어보는 사람"(觀世音)이라고 하는 위대한 사람인 보살들에게 대해서 공경을 하고, 〈이 보살들의〉 이름을 수지하는 사람, 이 두 사람의 복덕(福德)의 집합은, 몇 백 · 천 · 코티 · 나유타 겁(劫) 동안을 걸쳐서도 소멸시키는 일은 쉽지는 않는 것이다.

좋은 집안의 아들이여, "자재하게 꿰뚫어보는 사람"(觀世音)이라는 위대한 사람인 보살의 이름을 수지해서 〈얻는〉 복덕은 이와 같이 무량(無量)한 것이다.」

그리고 "불멸의 마음을 가진 사람"(無盡意)이라는 위대한 사람인 보살은, 세존에게 이와 같이 말씀드렸다.

「세존이시여, "자재하게 꿰뚫어보는 사람"(觀世音)이라는 위대한 사람인 보살은, 이 사하세계(娑婆世界)에서 어떻게 유행(遊行)하고 어떻게 중생들에게 법(진리의 가르침)을 설해서 확실히 알도록 하는 것입니까. "자재하게 꿰뚫어보는 사람"(觀世音)이라는 위대한 사람인 보살(菩薩)의 교한 방편이 미치는 범위는, 어떠한 것입니까.

〈"불멸의 마음을 가진 사람"(無盡意)으로부터〉

이와 같이 말하자, 세존께서는 "불멸의 마음을 가진 사람"이라는 위대한 사람인 보살에게 이와 같이 말씀하셨다.

「좋은 집안의 아들이여, "자재하게 꿰뚫어보는 사람"(觀世音)이라는 위대한 사람인 보살이, 그 곳에서 붓다의 모습으로 중생들에게 법(진리의 가르침)을 설해서 확실히 알도록 하는 여러 가지의 세계가 존재하는 것이다. "자재하게 꿰뚫어보는 사람"(觀世音)이라는 위대한 사람인 보살이, 그곳에서 보살의 모습으로 중생들에게 법을 설해 보이는 여러 가지의 세계가 존재하는 것이다.

어떤 사람들을 위해서는, "자재하게 꿰뚫어보는 사람"(觀世音)이라는 위대한 사람인 보살은, 독각(獨覺)의 모습으로 중생들에게 법을 설시(說示)하는 것이다. 어떤 사람들을 위해서는, "자재하게 꿰뚫어보는 사람"(觀世音)아라는 위대한 사람인 보살은, 성문(聲聞)의 모습으로 중생들에게 법(法)을 설시하는 것이다.

어떤 사람들을 위해서는 "자재하게 꿰뚫어보는 사람"(觀世音)이라는 위대한 사람인 보살은, 브라흐마 신(梵天)의 모습으로 중생들을 위해 법을 설시(說示)하는 것이다. 어떤 사람들을 위해서는 "자재하게 꿰뚫어보는 사람"(觀世音)이라는 위대한 사람인 보살은, 샤크라(帝釋)의 모습으로 법을 설시하는 것이다. 어떤 사람들을 위해서는 "자재하게 꿰뚫어보는 사람"(觀世音)이라는 위대한 사람인 보살은, 간다르바(乾達婆)의 모습으로 법을 설시하는 것이다. 야크샤(夜叉)에 의해서 교화되어야할 중생들을 위해서는, 야크샤(夜叉)의 모습으로 법을 설시하는 것이다. 이슈바라 신(自在天)에 의해서 교화되어야할 중생들을 위해서는 이슈바라 신의 모습으로 법을 설시하는 것이다. 마헤-슈바라 신에 의해서 교화되어야할 중생들을 위해서는 마헤-슈바라(大自在天)의 모습으로 법을 설시하는 것이다. 전륜왕(轉輪王)에 의해서 교화되어야할 중생들을 위해서는, 전륜왕의 모습으로 법을 설시하는 것이다. 〈식혈육귀(食血肉鬼)인〉 피샤차(毘舍闍)에 의해서 교화되어야할 중생들을 위해서는, 피샤차(毘舍闍)의 모습으로 법을 설시한다. 바이슈라바나 신(毘沙門天=多聞天)에 의해서 교화되어야할 중생들을 위해서는, 바이슈라바나 신(毘沙門天)의 모습으로 법을 설시한다.

장군에 의해서 교화되어야할 중생을 위해서는, 장군의 모습으로 법을 설해서 확실히 알게 한다.

바라문(婆羅門)에 의해서 교화되어야할 중생을 위해서는, 바라문의 모습으로 법을 설시한다.

이에 해당하는 범문(梵文)이 없음.

"금강저(金剛杵=電擊)를 손에 가진 사람"(執金剛)에 의해서 교화되어야 할 중생들을 위해서는, "금강저를 손에 가진 사람"의 모습으로 법을 설해서 확실히 알게 한다.

좋은 집안의 아들이여, “자재하게 꿰뚫어보는 사람”(觀世音)이라는 위대한 사람인 보살은, 이와 같이, 생각할 수 없을 만큼의 〈많은〉 공덕을 갖추고 있는 것이다. 그런 까닭에 좋은 집안의 아들이여, 그대들은 “자재(自在)하게 꿰뚫어보는 사람”(觀世音)이라는 위대한 사람인 보살에게 공양하도록 하라.

좋은 집안의 아들이여, 이 “자재하게 꿰뚫어보는 사람”(觀世音)이라는 위대한 사람인 보살은 공포(恐怖)에 떨고 있는 중생들에게 무서움이 없는 것을 베푸는 것이다.

이런 이유에 의해서, 〈이 보살은〉 이 사하(娑婆)세계에서 “두려움 없는 것을 베푸는 사람”(施無畏者)이라고 인정하고 있는 것이다.」

그러자, “불멸의 마음을 가진 사람”(無盡意)이

라는 위대한 사람인 보살은 세존에게 이와 같이 말씀드렸다.

「세존이시여, 저희들은 "자재하게 꿰뚫어보는 사람"(觀世音)이라는 위대한 사람인 보살에게 법을 위한 보시물, 법을 위한 선물을 선사하겠습니다.」

세존께서 말씀하셨다.

「좋은 집안의 아들이여, 지금, 그 〈선물〉로서는, 때〈에 들어맞는다.〉라고 그대가 생각하는 것 〈그것을 선물하는 것이 좋다〉」

그러자, "불멸의 마음을 가진 사람"이라는 위대한 사람인 보살은, 몇 백 · 천〈금〉의 가치가 있는 진주의 목걸이를 자기의 목에서 끌러서, "자재(自在)하게 꿰뚫어보는 사람"(觀世音)이라는 위대한 사람인 보살에게, 법을 위한 선물로서 바쳤다.

「〈좋은 분(善士)이시여, 당신께서는, 이 법을 위한 선물을 저에게서 받아주십시오.」

그렇지만, 그 〈"자재하게 꿰뚫어보는 사람"이라는 보살〉은 받지 않았다. 그래서 "불멸의 마음을 가진 사람"(無盡意)이라는 위대한 사람인 보살은, "자재하게 꿰뚫어보는 사람"(觀世音)이라는 위대한 사람인 보살에게 이와 같이 말하였다.

「좋은 집안의 아들이여, 당신께서는 저희들에 대한 연민 때문에, 이 진주의 목걸이를 받아주십시오.」

그러자, "자재하게 꿰뚫어보는 사람"(觀世音)이라는 위대한 사람인 보살은, "불멸의 마음을 가진 사람"(無盡意)이라는 위대한 사람인 보살에 대한 연민 때문에, 또 그 사중(四衆)들과 그 신들, 용, 야크샤(夜叉), 간다르바, 아수라, 가루다, 긴나라, 마호가라 라고 하는 인간과 인간이외의 것들에 대한 연민 때문에, "불멸의 마음을 가진 사람"(無盡意)이라는 위대한 사람인 보살에게서, 그 진주 목걸이를 받았다.

그러자, "자재하게 꿰뚫어보는 사람"(觀世音)이라는 위대한 사람인 보살은, "불멸의 마음을 가진 사람"(無盡意)이라는 위대한 사람인 보살에 대한 연민 때문에, 또 그 사중(四衆)들과 그 신들, 용, 야크샤(夜叉), 간다르바, 아스라, 가루다, 긴나라, 마호가라, 라고 하는 인간과 인간이외의 것들에 대한 연민 때문에, "불멸의 마음을 가진 사람"(無盡意)이라는 위대한 사람인 보살에게서, 그 진주 목걸이를 받았다.

받고 나서, 〈그것을 잘라서〉 둘로 나누었다.

〈두개의 부분으로〉 나누고 나서, 한 쪽인 반분(半分)을 샤캬무니(釋迦牟尼)세존에게 드렸다. 두 번째의 반분(半分)을 세존이신 "많은 보배를 가진 분"(多寶)이라는 바르고 완전히 깨달은 존경받으셔야할 여래의 〈전신이 안치되어 있는〉 보배로 된 스투파(寶塔)에 바쳤다.

「좋은 집안의 아들이여, "자재하게 꿰뚫어보는 사람"(觀世音)이라는 위대한 사람인 보살은, 이와 같은 신변에 의해서 이 사하(娑婆) 세계를 유행하는 것이다.

그러자, 세존께서는, 그때, 다음의 시구(詩句)를 설했다.

「"불멸의 마음을 가진 사람"(無盡意)〈이라는 보살〉은 "여러 가지 색깔의 깃발을 가진 사람"(妙相具) 〈인 나. 샤캬무니〉에게

『어떠한 이유로 〈이〉 승리자의 아들은, "자재하게 꿰뚫어보는 사람"(觀世音)이라 부르는 것입니까』 라고, 그 의미와 이유에 대해서 물었다. (1)

그러자 〈그 정황이〉 이와 같다는 것을 성찰하고, "여러 가지의 색깔의 깃발을 가진 사람"〈인나〉는, 바다와 같이 넓고 큰 서원(誓願)을 가진 사람〈인 "자재하게 꿰뚫어보는 사람"(觀世音)〉에 대해서 "불멸의 마음을 가진 사람"(無盡意)〈이라는 보살〉에게 말했다. 『"자재하게 꿰뚫어보는 사람"(觀世音)〈이라는 보살〉에 대해 수행에 대해서 그대는 듣도록 하라. (2)

생각할 수도 없는 몇 백의 많은 겁(劫)에 걸쳐서, 몇 천 · 코티의 많은 붓다들에 의해서,

〈“자재하게 꿰뚫어보는 사람”(觀世音)이라는 보살의〉 서원이 어떻게 밝혀졌는가, 그대는 나의 언급하는 것에서 듣도록 하라. (3)

이 세상에서, 순차로 〈“자재하게 꿰뚫어보는 사람”(觀世音)이라는 이름을〉 듣고, 〈그 보살을〉 보고,
또 똑같이 염(念)하는 것은, 생명 있는 것들에게는 헛된 것이 아니며, 생존(生存)에서의 고뇌와 근심을 소멸시키게 된다. (4)

가령 사악한 마음을 가진 사람이 살해의 목적으로 〈남을〉 불 〈타오르는〉 구멍 속에 던져 넣을지라도,
“자재하게 꿰뚫어보는 사람”(觀世音)을 염한다

면, 물이 내려 뿌리듯 불은 꺼진다. (5)

비록 용과 〈바다의 괴물인〉 마까라 어(魚), 아수라(阿修羅), 정령들이 살고 있는 큰 바다의 난처(難處)에 들어간다 해도,
"자재하게 꿰뚫어보는 사람"을 염(念)한다면, 어떠한 때에도, 결코 물의 왕〈인 바다〉의 한 가운데에 빠지는 일은 없다. (6)

설령, 사악한 마음을 가진 사람이, 살해의 목적으로, 〈사람을〉 스메루 산(須彌山)의 정상에서 떠밀어 뜨려도,
"자재하게 꿰뚫어보는 사람"(觀世音)을 염하다면, 태양이 그러듯이 공중을 〈느긋하게〉 전진하게 된다. (7)

가령, 살해의 목적으로 금강석으로 된 산들을 〈사람의〉 머리에 던질지라도,
"자재하게 꿰뚫어보는 사람"(觀世音)을 염한다면, 〈그 산들은〉 털구멍마저도 상처주지는 못할 것이다. (8)

비록, 검을 손에 쥐고 살해의 의지를 가진 적의 집단에 둘러싸였을지라도,
"자재하게 꿰뚫어보는 사람"(觀世音)을 염한다면, 그때, 그 순간에 〈그 적들은〉 우호적인 마음을 가지는 사람이 될 것이다. (9)

설령, 〈사형 판결을 받은 사람이〉 처형장에 이르러, 처형되어야 할 사람을 처형하는 사람(死

刑執行人)의 지배 아래 있다고 해도,
"자재하게 꿰뚫어보는 사람"(觀世音)을 염(念)한다면, 그때, 〈처형(處刑)을 위한〉 검(劍)은 조각조각으로 동강날 것이다. (10)

가령, 지금, 목제나, 철제의 수갑, 쇠사슬, 차꼬(足枷)로 묶여져 있다 하더라도,
"자재하게 꿰뚫어보는 사람"(觀世音)을 염(念)한다면, 〈수갑, 쇠사슬〉 차꼬는 실로 빨리 조각날 것이다. (11)

주문(呪文)의 힘과, 주술, 약물, 또 정령(精靈)이나, 베타라(毘陀羅)들 〈이라고 하는 사람의〉 신체를 괴멸시키는 것은,
"자재하게 꿰뚫어보는 사람"(觀世音)을 염한다

면, 〈그것들에 의해서〉 발휘된 〈신체를 괴멸시키는 작용〉은, 그로부터, 그것들 〈자신에게〉 돌아가는 것이다. (12)

비록, 야크사(夜叉)와, 용, 아수라(阿修羅), 정령, 라크샤사(羅刹鬼),라고 하는, 〈사람의〉 정기를 빼앗아가는 것들에 둘러싸였더라도, "자재하게 꿰뚫어보는 사람"(觀世音)을 염한다면, 그들은 털구멍조차도 상처내지 못할 것이다. (13)

예를 들어, 날카로운 이빨과 손톱을 가진 매우 무서운 맹수들에게 둘러싸였다고 하더라도, "자재하게 꿰뚫어보는 사람"(觀世音)을 염한다면, 속히 〈그 맹수들은 사방팔방의〉 온갖 방향으로 도주해 버릴 것이다. (14)

설사 타오르는 불길 같은 광선을 내쏘는 사악하고, 무서운 눈초리로 사람을 해독케 하는 뱀에 의해서 둘러싸였더라도. "자재하게 꿰뚫어보는 사람"(觀世音)을 염한다면, 그 〈뱀〉들은 실로 속히 그 뱀들은 독이 없어진다. (15)

천둥소리를 울리며 번갯불을 가진, 〈구름〉이 출현하고, 〈그〉 구름이 번갯불과 빗물을 방출한다〈하고〉,
"자재하게 꿰뚫어보는 사람"(觀世音)을 염한다면, 실로 빠르게, 그 순간에 〈번개 구름은〉 사라지고 만다. (16)

〈"자재하게 꿰뚫어보는 사람"(觀世音)은〉 중생

들이, 몇 백의 많은 괴로움에 찌들고 많은 고뇌에 들볶이고 있는 것을 보고, 성찰하며, 뛰어난 지혜의 힘을 가지고 있다.
그런 까닭에, 〈"자재하게 꿰뚫어보는 사람"(觀世音)은〉 신들에게 동반된 세간에서 구제자인 것이다. (17)

〈"자재하게 꿰뚫어보는 사람"(觀世音)은〉 신통력은 극도에 달해 있고, 광대한 지혜와 〈교묘한〉 방편을 〈이미〉 배우고 있어서,
시방(十方)에 있는 모든 세계의 온갖 국토에 남김없이 나타나는 것이다. (18)

또 지옥과, 축생계, 야마(閻魔)의 지배 아래 있어서, 불우〈한 경우〉와 나쁜 경우(惡趣)에 대한

공포를 안고,
생 · 노 · 병 〈의 괴로움〉에 의해서 들볶이고 있는 생명(生命) 있는 것들에게는, 〈그러한 공포와 괴로움은〉 순차로 소멸되는 것이다.』 (19)

그러자, "불멸의 마음을 가진 사람"(無盡意)은 마음이 환희하고 만족해서, 다음의 시구(詩句)를 설했다.
아름다운 눈, 자애로운 눈을 가졌고, 탁월한 눈을 가지신 분이시여,
연민의 눈을 가졌으며, 맑은 눈을 가지신 분이시여, 사랑받아야할 아름다운 얼굴과 아름다운 눈을 가지신 분이시여. (20)

순수무구하고 청정한 빛남을 가진 분이시여, 어

둠이 없는 지혜를 가진 분이시여, 태양의 빛남을 가진 분이시여,
불어서 꺼지지 않는 화염의 빛을 가지신 분이시여, 당신(샤캬무니)은 스스로 빛나면서, 세계를 비추고 계십니다. (21)

연민의 덕과 자애로운 〈우렛소리〉를 울리며, 뛰어난 덕을 갖추고 자애로운 마음을 가진 큰 구름이여,
당신은, 불사의 〈감로(甘露)〉법(진리의 가르침)의 비를 내리셔서, 생명 있는 것들의 번뇌의 불을 꺼주십니다. (22)

또 싸움이나, 논쟁, 쟁투에서, 남과의 다툼의 와중에 있는 사람이 큰 공포에 빠져 있을 때에도,

"자재하게 꿰뚫어보는 사람"(觀世音)을 염한다면, 사악한 적의 집단은 물러갈 것이다. (23)

〈"자재하게 꿰뚫어보는 사람"(觀世音)은,〉 번개구름 같은 음성을 가졌고, 큰 북소리처럼 울려퍼짐을 갖추고, 큰 바다와 같은 울림소리(海潮音)을 가졌으며,
브라흐마 신의 아름다운 소리(梵音)를 갖추고 있습니다. 〈이와 같은〉 음성의 영역에서 완성에 도달하고 있는 "자재하게 꿰뚫어보는 사람"(觀世音)을 염해야 할 것입니다. (24)

그대들은, 청정한 사람인 "자재하게 꿰뚫어보는 사람"(觀世音)을 부지런히 염해야 하며, 의심해서는 안 된다.

〈"자재하게 꿰뚫어보는 사람"(觀世音)은,〉 죽음과 재액, 간난에서, 보호자〈가 되고〉 피난처〈가 되고〉 최후의 휴식처가 되는 것이다. (25)

온갖 덕질(德質)이 완성에 도달하고 있고, 온갖 중생에 대한 연민과 자애로운 눈을 가졌으며, 덕질이 〈인격화된〉 존재이고,
위대한 덕질의 대해(大海)인 "자재하게 꿰뚫어보는 사람"(觀世音)에게 경의를 표해야 할 것이다. (26)

세간〈사람들〉에 대해 연민이 깊은 이 사람은,
미래의 세상에서 붓다가 될 것입니다.
저는 온갖 괴로움, 공포, 근심을 소멸시키는 "자재하게 꿰뚫어보는 사람"(觀世音)에 대해 공경예배합니다. (27)

"세간에서 자재한 왕"(世自在王)를 지도자로 하고, 세간〈의 사람들〉에 의해서 공양 받고 있는, "법의 근원"(法藏)이라는 남성출가자는,
몇 백의 많은 겁(劫)에 걸쳐서 수행하여, 티끌과 먼지(塵埃)없는 위없는 깨달음을 획득했습니다. (28)

〈"자재하게 꿰뚫어보는 사람"(觀世音)은 그〉 "무량한 광명을 가진 분"(阿彌陀)라는 지도자를,
그와 같이 좌우에서 〈협시(脇侍)로서〉 부채질하면서, 서서 있습니다. 또 "〈온갖 사물이〉 환상과 같다"는 삼매에 의해서, 온갖 국토에 가서 승리자에게 공양했었다. (29)

서쪽 방향에, 행복의 근원인 진애(塵埃)가 없는

수카바티(極樂)세계가 있고,
참으로 그곳에 "무량한 광명을 가진 분"(阿彌陀) 이라는 지도자로서, 중생을 제어하시는 분이 현재 오직 지금 계십니다. (30)

또 그곳에는 여성들의 탄생은 없으며, 남녀의 성적결합의 습관도 또한 전혀 없다. 그 승리자의 적출자〈인 보살〉들은,
〈양친 없이〉 자연발생(화생(化生))〉한 사람들이어서, 순결하고, 홍련화의 태 속에 앉아 있다. (31)

또 참으로 그 "무량한 광명을 가진 분"(阿彌陀) 이라는 지도자도, 티끌과 먼지 없는 마음을 기쁘게 하는 홍련화의 태속에 있는 사자좌에 함께 앉아 있어, 마치 사라 왕〈즉 비슈누신〉처럼 눈부

시게 빛나고 있다. (32)

똑같이, 그〈“자재하게 꿰뚫어보는 사람”(觀世音)〉도 또한 세간〈사람들〉의 지도자이며, 이 삼계에는, 그 사람과 동등한 사람은 존재치 않는다.
그러한 까닭에, 나〈“불멸의 마음을 가진 사람”(無盡意)은, 〈그 “자재하게 꿰뚫어보는 사람”(觀世音)〉을 칭찬하고,
복덕을 쌓아올려서, 빨리 당신〈샤카무니와 같은 인간 가운데서 최상(最上)의 사람이 되겠습니다.」 (33)

그러자, “대지를 받쳐주는 사람”(持地)이라는 위대한 사람인 보살은, 좌석에서 일어서서, 상의를 〈왼쪽 어깨를 남기고 오른 쪽의〉 한쪽 어깨에만

드러내고, 오른쪽 무릎을 땅에 대고, 세존이 계시는 곳, 그곳을 〈향해서〉 합장하며, 공경 예배하고, 세존에게 이와 같이 말씀드렸다.

「세존이시여, 〈이 "흰 연꽃처럼 가장 뛰어난 바른 가르침"이라는〉 법문 가운데 "자재하게 꿰뚫어보는 사람"(觀世音)이라고 하는 위대한 사람인 보살에 대한 이 장, 〈즉〉 "자재하게 꿰뚫어보는 사람"(觀世音)이라고 하는 위대한 사람인 보살의 신변에 대한 교설이며, 『온갖 방향으로 얼굴을 향한 사람』의 장(章)이라는 이름의 "자재하게 꿰뚫어보는 사람"(觀世音)이라는 보살의 신력에 의한 기적〈에 대한 교설〉을 듣는 〈중생들〉, 그 중생들은, 하열(下劣)한 선근(善根)을 갖춘 사람들은 아닐 것이다.」

그 위에 또한 이 『온갖 방향으로 얼굴을 향한

사람』의 장(章)이 세존에 의해서 설해지고 있는 사이에, 그 집회 가운데의 8만 4천의 생명 있는 것들에게, 위없고 견줄 수 없는 바르고 완전한 깨달음을 향한 마음을 일으켰다.

이상이 길상(吉祥)한 "흰 연꽃처럼 가장 뛰어난 바른 가르침"(妙法蓮華)이라는 법문 가운데의 「온갖 방향으로 얼굴을 향한 사람」의 장이라는 이름의 "자재(自在)하게 꿰뚫어보는(觀) 사람"(觀世音)의 신변에 대한 교설이라는 제24(第二十四)이다.

관음경
초판1쇄 인쇄 / 2013. 04. 25
초판1쇄 발행 / 2013. 05. 3
감수_ 회옹 혜경
역편저자_ 지웅 혜화
표지그림_ 지능 인명
발행인_ 김용성
발행처_ 지우 LnB / 법률출판사
출판등록_2003년 8월 19일
서울시 동대문구 휘경동 187-20 오스카빌딩 4층
TEL:02-962-9154 / FAX:02-962-9156
ISBN 978-89-91622-39-5 / 03220
www.LnBpress.com

정가 8,000원